SEMBRADOS
EN BUENA TIERRA

EL SECRETO DE LAS
FINANZAS
SANAS

HERIBERTO Y ELSA HERMOSILLO

Vida®

SEMBRADOS EN BUENA TIERRA - El secreto de las finanzas sanas
Publicado por Editorial Vida — 2007
Miami, Florida

© 2006 Heriberto y Elsa Hermosillo

Edición: *Mariángeles Duo*
Diseño interior: *Good Idea Productions, Inc.*
Diseño de cubierta: *Carlos González*
Adaptación: *Cathy Spee*
Diseño gráfico: *Rodrigo Galindo Breton*
Producción de audio y video: *Francisco Alonso*
Coordinadora de producción: *Mariana Díaz González*

Guía del líder
ISBN - 10: 0-8297-5236-6
ISBN - 13: 978-0-8297-5236-6

Guía del participante
ISBN - 10: 0-8297-5304-4
ISBN – 13: 978-0-8297-5304-2

Categoría: Vida cristiana / Devocional

Impreso en Estados Unidos de América
Printed in the United States of America

07 08 09 10 ❖ 6 5 4 3 2 1

A todos los *semillosos* que tuvieron la paciencia
de esperar a que el Señor concretara su proyecto,
nuestro más sincero agradecimiento y deseo de
que este material sirva para la edificación de sus
vidas y las de muchos más.

Heriberto y Elsa Hermosillo

Introducción

Bienvenidos a la serie:
El Secreto de las Finanzas Sanas

En las próximas semanas, estudiaremos los principios
bíblicos para poder tener una economía saludable que
nos permita establecer el reino de Dios en nuestra
vida, en nuestra familia y hasta lo último de la tierra.

Índice

Aprendiendo a honrar a Dios

«Dad a Jehová la honra debida a su nombre; traed ofrenda y venid delante de él, postraos delante de Jehová en la hermosura de la santidad». *1 Crónicas 16:28-29*

1

Empezaremos esta serie, entendiendo el principio básico de lo que significa la palabra: *honra*, ya que es el primer secreto que tenemos que aprender para lograr tener finanzas sanas. En la Biblia se usan dos palabras por excelencia, que se traducen al español como honra; una en hebreo en el Antiguo Testamento y otra en griego en el Nuevo Testamento.

En hebreo la palabra *honra* es la palabra *kabod*
#3519 diccionario Strong = dar peso o valorar.

En griego la palabra *honra* es la palabra *timnao*
#5091 diccionario Strong = poner un valor, reverenciar, premiar.

Esta palabra se usa en el siguiente verso:
«**Para que todos honren al Hijo como honran al Padre. El que no honra al Hijo, no honra al Padre que le envió**». *Juan 5:23*

Estudiemos ahora algunos pasajes que nos explicarán claramente cómo honrar a Dios y cuáles son los beneficios de hacerlo.

Malaquías 1:6-8, 13-14
En este pasaje bíblico, Malaquías reprende a los sacerdotes, los cuales habían cometido tres faltas:

- No honrar a Dios
- No temer a Dios
- Menospreciar su nombre

Cada uno de nosotros necesitamos dar el valor correcto a Dios y a lo que él ha hecho por nosotros, apreciando el sacrificio de su Hijo. Una parte importante de valorar a Dios y apreciar el sacrificio de su Hijo, es no dar «lo que nos sobra» ya que esto es ofensivo hacia él, y este tipo de «ofrenda» no es aceptable. En el Antiguo Testamento ofrecer el desperdicio estaba prohibido por la ley (*Mal 1:8, Dt 15:21*) y la palabra nos dice que trae maldición (*separación de Dios*) a nuestras vidas (*Mal 1:14*).

Malaquías 3: 7-12
En este pasaje observamos cómo el pueblo se había apartado de Dios y le había robado en los diezmos y ofrendas, este hecho estaba acarreando maldición sobre sus vidas.
El Señor demanda que traigamos nuestros diezmos para los fondos del templo para que haya

Malaquías 1:6-8, 13 y 14
6 El hijo honra al padre, y el siervo a su señor. Si, pues, soy yo padre, ¿dónde está mi honra? y si soy señor, ¿dónde está mi temor? dice Jehová de los ejércitos a vosotros, oh sacerdotes, que menospreciáis mi nombre. Y decís: ¿En qué hemos menospreciado tu nombre?
7 En que ofrecéis sobre mi altar pan inmundo. Y dijisteis: ¿En qué te hemos deshonrado? En que pensáis que la mesa de Jehová es despreciable.
8 Y cuando ofrecéis el animal ciego para el sacrificio, ¿no es malo? Asimismo cuando ofrecéis el cojo o el enfermo, ¿no es malo? Preséntalo, pues, a tu príncipe; ¿acaso se agradará de ti, o le serás acepto? dice Jehová de los ejércitos.

13 Habéis además dicho: !Oh, qué fastidio es esto! y me despreciáis, dice Jehová de los ejércitos; y trajisteis lo hurtado, o cojo, o enfermo, y presentasteis ofrenda. ¿Aceptaré yo eso de vuestra mano? dice Jehová.
14 Maldito el que engaña, el que teniendo machos en su rebaño, promete, y sacrifica a Jehová lo dañado. Porque yo soy Gran Rey, dice Jehová de los ejércitos, y mi nombre es temible entre las naciones.

Malaquías 3:7-12

7 Desde los días de vuestros padres os habéis apartado de mis leyes, y no las guardastels Volveos a mí, y yo me volveré a vosotros, ha dicho Jehová de los ejércitos. Mas dijisteis: ¿En qué hemos de volvernos?
8 ¿Robará el hombre a Dios? Pues vosotros me habéis robado. Y dijisteis: ¿En qué te hemos robado? En vuestros diezmos y ofrendas.
9 Malditos sois con maldición, porque vosotros, la nación toda, me habéis robado.
10 Traed todos los diezmos al alfolí y haya alimento en mi casa; y probadme ahora en esto, dice Jehová de los ejércitos, si no os abriré las ventanas de los cielos, y derramaré sobre vosotros bendición hasta que sobreabunde.
11 Reprenderé también por vosotros al devorador, y no os destruirá el fruto de la tierra, ni vuestra vid en el campo será estéril, dice Jehová de los ejércitos.
12 Y todas las naciones os dirán bienaventurados; porque seréis tierra deseable, dice Jehová de los ejércitos

alimento en su casa y a cambio ofrece valiosas recompensas gracias a su infinita misericordia:

- Abrir las compuertas del cielo
- Derramaré sobre ustedes bendición hasta que sobreabunde
- Son llamados dichosos
- Tener una nación encantadora

Traer los diezmos para los fondos del templo, es producto de un corazón agradecido, el cual nos lleva a la libertad de honrar debidamente a Dios reconociendo que toda buena dádiva y todo don perfecto descienden de lo alto.

Versículo a memorizar:
«Porque donde esté vuestro tesoro, ahí estará también vuestro corazón». *Mateo 6:21*

Preguntas para discusión

1. ¿Cómo manifestaron su menosprecio a Jehová los sacerdotes según Malaquías 1:6-7?

_____

_____

_____

2. ¿Qué consecuencias trae el NO valorar a Dios según Malaquías 1:14?

_____

_____

_____

Notas

....

....

....

....

....

....

....

....

....

....

....

....

....

....

....

....

....

....

2 El diezmo y la ofrenda

«Honra a Jehová con tus bienes y con las primicias de todos tus frutos. Y serán llenos tus graneros con abundancia, y tus lagares rebosarán de mosto». *Pr 3:9-10*

Génesis 14:18-20
18 Entonces Melquisedec, rey de Salem y sacerdote del Dios Altísimo, sacó pan y vino; **19** y le bendijo, diciendo: Bendito sea Abram del Dios Altísimo, creador de los cielos y de la tierra; **20** y bendito sea el Dios Altísimo, que entregó tus enemigos en tu mano. Y le dio Abram los diezmos de todo.

Hebreos 7:1-10
1 Porque este Melquisedec, rey de Salem, sacerdote del Dios Altísimo, que salió a recibir a Abraham que volvía de la derrota de los reyes, y le bendijo, **2** a quien asimismo dio Abraham los diezmos de todo; cuyo nombre significa primeramente Rey de justicia, y también Rey de Salem, esto es, Rey de paz; **3** sin padre, sin madre, sin genealogía; que ni tiene principio de días, ni fin de vida, sino hecho semejante al Hijo de Dios, permanece sacerdote para siempre. **4** Considerad, pues, cuán grande era éste, a quien aun Abraham el patriarca dio diezmos del botín. **5** Ciertamente los que de entre los hijos de Leví reciben el sacerdocio, tienen mandamiento de tomar del pueblo los diezmos según la ley, es decir, de sus hermanos, aunque éstos también hayan salido de los lomos de Abraham.
Continúa en la página siguiente

En la clase anterior, aprendimos la importancia de honrar a Dios. Una de las maneras prácticas y específicas, en que debemos honrar a Dios, es a través de nuestros diezmos y ofrendas.

La palabra *ofrenda* a lo largo de las diferentes expresiones usadas en el Antiguo y Nuevo Testamento, nos da la idea de *«ofrecer un tributo a Dios como reconocimiento a lo recibido de su mano».* La palabra ofrenda encierra los diferentes conceptos de dar, tales como son el diezmo, la limosna, primicias, etc.

En esta clase entenderemos lo que es el diezmo y lo que es la ofrenda:

El diezmo

El diezmo es el mandamiento dado por Dios a sus hijos, que consiste en separar primero por lo menos el 10% de todos nuestros ingresos.

El origen del diezmo se observa desde *Génesis 14:18-20*, mucho antes de la ley, por lo tanto, no es un beneficio que aplique solo al Antiguo Testamento, de hecho, vemos este privilegio confirmado en *Hebreos 7:1-10*.

El diezmo se aplica sobre todas nuestras riquezas y primeros frutos (*Pr 3:9*).

Esto es, el fruto de mi trabajo, la ganancia por la venta de algún bien, etc. El diezmo no es aplicable solo a mis finanzas sino también al tiempo, recursos y talentos que Dios me ha dado.

El diezmo debe usarse para el sostenimiento de la casa del Señor y para sostenimiento de los obreros que trabajan para establecer la obra de Dios (*Mal 3:10, 1 Co 9:7-11, Fil 4:17, Gá 6:6*).

¿Cuáles son los beneficios de dar mi diezmo?

- Aumente el crédito a nuestra cuenta (*Fil 4:17*)
- Provision, bendición que sobreabunde, protección sobre nuestros bienes (*Pr 3:10, Mal 3:10-11*)
- Alegría (*Pr 3:10*).

Los diezmos deben ser administrados por los pastores, como nos dice la palabra en *2 Corintios 8:19-21*, de acuerdo a las necesidades de la iglesia y serán ellos quienes deberán rendir cuentas de esta administración a Dios.

La ofrenda y la limosna

El diezmar, no nos quita la responsabilidad de ayudar al pobre o al hermano en necesidad, no solo con lo material, sino compartiendo el bien espiritual que poseemos. (*1 Juan 3:17-18, Lucas 11:41-42*).

No debemos confundir el diezmo con las ofrendas, ambas tienen propósitos diferentes y el cumplir con una, no nos quita el privilegio de hacer la otra.

Las ofrendas y limosnas son dádivas adicionales al diezmo, que tenemos el privilegio de compartir con quienes padecen necesidad.

Versículo a memorizar:
«Honra a Jehová con tus bienes y con las primicias de todos tus frutos. Y serán llenos tus graneros con abundancia, y tus lagares rebosarán de mosto». *Pr 3:9-10*

Preguntas para discusión

1. ¿Qué prioridad debe tener el diezmo en mis finanzas?

_____

_____

_____

2. ¿Es el diezmo un mandamiento originado en la ley?

_____

_____

_____

6 Pero aquel cuya genealogía no es contada de entre ellos, tomó de Abraham los diezmos, y bendijo al que tenía las promesas.
7 Y sin discusión alguna, el menor es bendecido por el mayor.
8 Y aquí ciertamente reciben los diezmos hombres mortales; pero allí, uno de quien se da testimonio de que vive.
9 Y por decirlo así, en Abraham pagó el diezmo también Leví, que recibe los diezmos;
10 porque aún estaba en los lomos de su padre cuando Melquisedec le salió al encuentro.

Filipenses 4:17
17 No es que busque dádivas, sino que busco fruto que abunde en vuestra cuenta.

1 Juan 3:17-18
17 Pero el que tiene bienes de este mundo y ve a su hermano tener necesidad, y cierra contra él su corazón, ¿Cómo mora el amor de Dios en él?
18 Hijitos míos, no amemos de palabra ni de lengua, sino de hecho y en verdad.

Malaquías 3:10
10 Traed todos los diezmos al alfolí y haya alimento en mi casa; y probadme ahora en esto, dice Jehová de los ejércitos, si no os abriré las ventanas de los cielos, y derramaré sobre vosotros bendición hasta que sobreabunde.

Notas

....

....

....

....

....

....

....

....

....

....

....

....

....

....

....

....

....

....

El secreto de la longevidad

3

«Honra a tu padre y a tu madre, como Jehová tu Dios te ha mandado, para que sean prolongados tus días, y para que te vaya bien sobre la tierra que Jehová tu Dios te dá». *Dt 5:16*

Una de las más grandes preocupaciones del ser humano a lo largo de los tiempos ha sido, el encontrar la manera de extender sus años de vida. Esto se debe a que Dios puso en el corazón del hombre el concepto de la eternidad, y a pesar de que todos sabemos que el cuerpo en el que vivimos es mortal, conservamos el anhelo de la eternidad. Es por esto que no dejamos de buscar aquello que nos permita prolongar nuestros días sobre la tierra.

La Biblia complementa los beneficios de honrar a Dios que están en Proverbios 3:10 y que ya hemos estudiado :

- Tus graneros se llenarán a reventar (*provisión*)
- Tus bodegas rebosarán de vino nuevo (*alegría*)

Revelándonos dos beneficios más:

> «Honra a tu padre y a tu madre, como Jehová tu Dios te ha mandado, para que sean prolongados tus días, y para que te vaya bien sobre la tierra que Jehová tu Dios te dá». *Deuteronomio 5:16*

Analicemos ahora cómo debe aplicarse este principio estudiando el pasaje de *Marcos 7:9-13*. En los versículos 9 al 13, Jesús nos explica en qué lugar de nuestras ofrendas (*tributos, honra*) deben estar nuestros padres.

Esta honra se debe aplicar en cada etapa de nuestra vida de maneras diferentes:

- Reconocimiento y agradecimiento verbal
- Apoyo económico
- Atención

Cuando somos niños o jóvenes y dependemos de ellos económicamente, les debemos reconocimiento y agradecimiento verbal.

Una vez que somos adultos y empezamos a generar recursos económicos, no debemos olvidar el incluir a nuestros padres en nuestro presupuesto, y por supuesto, lo mas valioso para ellos, independientemente de su situación económica, siempre será nuestro agradecimiento y reconocimiento verbal.

La honra a nuestros padres es incondicional, y no depende de si ellos han cumplido su función o si necesitan la ayuda económica.
La honra que debemos otorgarles es para nuestro propio beneficio.

Marcos 7:9-13
9 Les decía también: Bien invalidáis el mandamiento de Dios para guardar vuestra tradición.
10 Porque Moisés dijo: Honra a tu padre y a tu madre; y: El que maldiga al padre o a la madre, muera irremisiblemente.
11 Pero vosotros decís: Basta que diga un hombre al padre o a la madre: Es Corbán (que quiere decir, mi ofrenda a Dios) todo aquello con que pudiera ayudarte,
12 y no le dejáis hacer más por su padre o por su madre,
13 invalidando la palabra de Dios con vuestra tradición que habéis transmitido. Y muchas cosas hacéis semejantes a estas.

Proverbios 3:10

9 Honra a Jehová con tus bienes, y con las primicias de todos tus frutos; **10** Y serán llenos tus graneros con abundancia, y tus lagares rebosarán de mosto.

Versículo a memorizar

«Honra a tu padre y a tu madre, como Jehová tu Dios te ha mandado, para que sean prolongados tus días, y para que te vaya bien sobre la tierra que Jehová tu Dios te dá». *Deuteronomio 5:16*

Preguntas para discusión

1. ¿Cuáles son los dos beneficios que Dios ofrece a cambio de honrar a tus padres?

_____

_____

_____

2. Explica varias formar en las que puedes demostrar honra a tus padres.

_____

_____

_____

Notas

....

....

....

....

....

....

....

....

....

....

....

....

....

....

....

....

....

....

....

....

4

La codicia vs. el contentamiento

«No améis al mundo, ni las cosas que están en el mundo. Si alguno ama al mundo, el amor del Padre no está en él». *1 Juan 2:15*

Proverbios 1:17-19
17 Porque en vano se tenderá la red ante los ojos de toda ave;
18 Pero ellos a su propia sangre ponen asechanzas, y a sus almas tienden lazo.
19 Tales son las sendas de todo el que es dado a la codicia, la cual quita la vida de sus poseedores.

1 Juan 2:15-17
15 No améis al mundo, ni las cosas que están en el mundo. Si alguno ama al mundo, el amor del Padre no está en él.
16 Porque todo lo que hay en el mundo, los deseos de la carne, los deseos de los ojos, y la vanagloria de la vida, no proviene del Padre, sino del mundo.
17 Y el mundo pasa, y sus deseos; pero el que hace la voluntad de Dios permanece para siempre.

Uno de los agentes más destructores de nuestra vida es la codicia, pues es como una red que tiende lazos a nuestras almas quitando la vida a sus poseedores (*Pr 1:17-19*). La codicia es el primero de nuestros enemigos para poder tener finanzas sanas.

¿Qué es la codicia?

La codicia es el deseo desmedido de conseguir algo que no me corresponde tener en base a mis actuales circunstancias, por ejemplo:

- Pertenencias ajenas
- Estatus o posición social fuera de mi alcance
- Bienes materiales fuera de mi realidad presente
- Aquello que interrumpa mi relación prioritaria con Dios

«No améis al mundo...». 1 Juan 2:15-17

En el versículo 15, el apóstol Juan, nos anima a que no amemos al mundo y su sistema. Somos seres espirituales y debemos alimentar el espíritu y no afanarnos por las cosas pasajeras. Dios debe ser el primero en nuestro corazón a través de nuestra comunión personal con él. Si nuestro corazón está en otro lugar y no con Dios, allí estará nuestro tesoro y nos afanaremos en conseguir lo pasajero (*Mateo 6:21*).

El versículo 16 muestra ejemplos de lo que ofrece el mundo: los deseos de los ojos, los deseos de la carne y la vanagloria de la vida, estas cosas pueden traer afán a nuestras vidas y destruir nuestra relación con el Padre.

No es malo tener dinero o una posición destacada, el problema está en poner como prioridad este aspecto en nuestra vida. Cuado tenemos comunión con Dios y buscamos primeramente su reino, él nos proveerá de todo lo necesario para hacer su voluntad y cumplir con el propósito de nuestras vidas (*Mateo 6:33*).

El versículo 17 nos muestra que este mundo y su sistema ofrecen cosas que nos llevan a afanarnos al punto de servir a ellas, pero este mundo es pasajero, y si logramos entenderlo y buscamos hacer la voluntad de Dios, obtendremos lo que es eterno.

El antídoto contra la codicia, es conocer el propósito de Dios para mi vida en este mundo.

Mateo 6:21
21 Porque donde esté vuestro tesoro, allí estará también vuestro corazón.

Mateo 6:33
33 Mas buscad primeramente el reino de Dios y su justicia, y todas estas cosas os serán añadidas.

1 Timoteo 6:10
10 porque raíz de todos los males es el amor al dinero, el cual codiciando algunos, se extraviaron de la fe, y fueron traspasados de muchos dolores.

Preguntas para discusión

1. ¿Es pecado tener dinero? Explique ampliamente:

_____

_____

_____

_____

_____

2. ¿Cuáles son la consecuencias de una vida codiciosa según 1 Timoteo 6:10?

_____

_____

_____

Notas

Di NO a las deudas

5

«No debáis a nadie nada, sino el amaros unos a otros; porque el que ama al prójimo
ha cumplido la ley». *Romanos 13:8*

El deseo de Dios es que nuestras finanzas sean prosperadas a fin de que podamos llevar
a cabo su hermoso propósito en nuestras vidas. Estudiemos ahora algunos pasajes de la
Escritura a este respecto:

> **«Amado, yo deseo que tú seas prosperado en todas las cosas, y que tengas
> salud, así como prospera tu alma».** *3 Juan:2*

Dios desea llevar a sus hijos a una prosperidad tal que nunca tengan necesidad de pedir prestado, ya que las deudas nos esclavizan a quien nos ha prestado.

Veamos las promesas de bendición que Dios tiene para nosotros si le obedecemos, en *Deuteronomio 28:1-12.*

El segundo enemigo que nos roba la bendición de poder tener finanzas sanas, *son las deudas.*

El entrar en deudas para adquirir bienes temporales me obstaculizará para cumplir con el pago
oportuno de la deuda de amor que he adquirido al haber sido comprado por el Hijo de Dios.
Me pondrá en una situación en la cual me vea obligado a trabajar más y más, para pagar mis
deudas, y no podré disfrutar de las cosas que Dios me quiere dar en comunión con él y con mi
familia.

Por otro lado, está el caso en el que a nosotros nos piden dinero prestado.
La palabra nos advierte que consideremos ciertas cosas antes de prestar, a fin de no entrar en
conflictos innecesarios:

> • **«Con ansiedad será afligido el que sale por fiador de un extraño; mas el que
> aborreciere las fianzas vivirá seguro».** *Proverbios 11:15*

> • **«Hijo mío, si salieres fiador por tu amigo, si has empeñado tu palabra a un ex-
> traño, te has enlazado con las palabras de tu boca, y has quedado preso en los
> dichos de tus labios... escápate como gacela de la mano del cazador, y como ave
> de la mano del que arma lazos».** *Proverbios 6:1-5*

> • **«El que aumenta sus riquezas con usura y crecido interés, para aquel que se
> compadece de los pobres las aumenta».** *Proverbios 28:8*

> • **«No le darás tu dinero a usura, ni tus víveres a ganancia».** *Levítico 25:37*

Deuteronomio 28:1-12
1 Acontecerá que si oyeres
atentamente la voz de Je-
hová tu Dios, para guardar
y poner por obra todos
sus mandamientos que yo
te prescribo hoy, también
Jehová tu Dios te exaltará
sobre todas las naciones de
la tierra.
2 Y vendrán sobre ti todas
estas bendiciones, y te
alcanzarán, si oyeres la voz
de Jehová tu Dios.
3 Bendito serás tú en la
ciudad, y bendito tú en el
campo.
4 Bendito el fruto de tu
vientre, el fruto de tu tierra,
el fruto de tus bestias, la
cría de tus vacas y los reba-
ños de tus ovejas.
5 Benditas serán tu canasta
y tu artesa de amasar.
6 Bendito serás en tu entrar,
y bendito en tu salir.
7 Jehová derrotará a tus
enemigos que se levantaren
contra ti; por un camino
saldrán contra ti, y por siete
caminos huirán de delante
de ti.
8 Jehová te enviará su bendición sobre tus graneros,
y sobre todo aquello en
que pusieres tu mano; y te
bendecirá en la tierra que
Jehová tu Dios te da.

Continúa en la página siguiente

SEMBRADOS
EN BUENA TIERRA

⁹ Te confirmará Jehová por pueblo santo suyo, como te lo ha jurado, cuando guardares los mandamientos de Jehová tu Dios, y anduvieres en sus caminos. **¹⁰** Y verán todos los pueblos de la tierra que el nombre de Jehová es invocado sobre ti, y te temerán. **¹¹** Y te hará Jehová sobreabundar en bienes, en el fruto de tu vientre, en el fruto de tu bestia, y en el fruto de tu tierra, en el país que Jehová juró a tus padres que te había de dar. **¹²** Te abrirá Jehová su buen tesoro, el cielo, para enviar la lluvia a tu tierra en su tiempo, y para bendecir toda obra de tus manos. Y prestarás a muchas naciones, y tú no pedirás prestado.

• «El ojo misericordioso será bendito, porque dio de su pan al indigente».
Pr 22:9

Si tienes oportunidad de ayudar a alguien económicamente, considera regalar, en lugar de prestar, para no enlazar tu corazón.

Versículo a memorizar:
«No debáis a nadie nada, sino el amaros unos a otros; porque el que ama al prójimo ha cumplido la ley». *Romanos 13:8*

Preguntas para discusión:

1. ¿Es el plan de Dios que sus hijos vivan en deudas financieras?
_____
_____
_____

2. ¿Cuál es la deuda en que Dios se agrada según Romanos 13:8?
_____
_____
_____

3. ¿Por qué es que Dios no quiere que pidamos prestado?
_____
_____
_____

Notas

....

....

....

....

....

....

....

....

....

....

....

....

....

....

....

....

....

....

6 La mano diligente enriquece

«La mano negligente empobrece; mas la mano diligente enriquece». *Proverbios 10:4*

Proverbios 3:9-10
9 Honra a Jehová con tus bienes, y con las primicias de todos tus frutos;
10 Y serán llenos tus graneros con abundancia, y tus lagares rebosarán de mosto.

Proverbios 10:4
4 La mano negligente empobrece; mas la mano de los diligentes enriquece.

Una vez que hemos aprendido los beneficios de poner por obra los principios bíblicos de :

- • Honrar a Dios con nuestros bienes (*Pr 3:9-10*)
  - Provisión
  - Felicidad

- • Honrar a nuestro padre y a nuestra madre (*Dt 5:16*)
  - Larga vida
  - Bienestar

Ahora fijaremos nuestra atención en identificar a los enemigos que abren hoyos, por los cuales se fuga la provisión de Dios, que tiene como principal objetivo darnos la oportunidad de llevar a cabo su propósito en nuestra vida. Dos de esos enemigos los estudiamos en las clases anteriores, estos fueron:

- • La codicia (*1 Juan 2:15-17*)
- • Las deudas (*Romanos 13:8*)

El tercer enemigo es la pereza:

- • La pereza (*Pr 10:4*)

¿Qué es la pereza?

La pereza es un espíritu de desorden; es lo contrario a la disciplina. El perezoso es una persona que rehuye el trabajo dedicado, y le falta motivación para hacer las cosas, le gusta la comodidad, y no quiere esforzarse, es de vista corta y está destinado a la pobreza y la necesidad.

La conducta de un verdadero hijo de Dios, busca el orden en su vida, porque Dios es un Dios de orden. Él nos dice que hay sabiduría en el trabajo dedicado, motivado por un espíritu de previsión y diligencia. Debemos evitar dejar las cosas para más tarde y hacer lo que debemos cuando debemos hacerlo, así tendremos libertad del temor sobre la escasez y la necesidad.

Nuestro Padre quiere que nos demos cuenta que él ha provisto lo más importante y esencial para nuestras vidas, ahora nos toca a nosotros poner el esfuerzo y el empeño necesario para que sea usado conforme a sus planes. Si nos descuidamos, otras cosas absorberán nuestro tiempo y sin darnos cuenta, la oportunidad pasará sin que hagamos nada y el ocio y la pereza eventualmente tomaran control de nuestras vidas.

Consideremos ahora los siguientes versículos que hablan acerca de la pereza:

- «..poniendo toda diligencia, añadid a vuestra fe, virtud, a la virtud, conocimiento al conocimiento dominio propio, al dominio propio, paciencia, a la paciencia, piedad, a la piedad, afecto fraternal y al afecto fraternal, amor. Porque si estas cosas están en vosotros y abundan, no os dejarán estar ociosos ni sin fruto en cuanto al conocimiento de nuestro Señor Jesucristo». *2 Pedro 1:5-8*

- «Ve a la hormiga, oh perezoso, mira sus caminos y sé sabio, la cual no teniendo capitán, ni gobernador, ni señor, prepara en el verano su comida, y recoge en el tiempo de la siega su mantenimiento». *Proverbios 6:6-8*

- «Pero os ordenamos, hermanos, en el nombre de nuestro Señor Jesucristo, que os apartéis de todo hermano que ande desordenadamente y no según la enseñanza que recibisteis de nosotros...». *2 Tesalonicenses 3:6*

- «El deseo del perezoso le mata, porque sus manos no quieren trabajar». *Proverbios 21:25*

Versículo a memorizar:
«La mano negligente empobrece; mas la mano diligente enriquece». *Proverbios 10:4*

Preguntas para discusión:

1. ¿Cuál debe ser la conducta de un verdadero hijo de Dios con respecto al trabajo?

_____
_____
_____

2. ¿Cuál es la actitud que debemos tener con un hermano que no quiere trabajar según 2 Tesalonicenses 3:6-15?

_____
_____
_____

Notas

El principio de la mayordomía

7

«Porque al que tiene, le será dado, y tendrá más; y al que no tiene, aun lo que tiene le será quitado». *Mateo 25:29*

Ya que hemos aprendido que detrás de todo lo que nos ha sido dado (*Stg 1:17*) está Dios, y que él es el dueño de todo cuanto poseemos, lo cual nos ha sido añadido por él (*Mt 6:33*) no solo para disfrutar de su abundante provisión, sino para tener el gozo de ser colaborador con él, en el establecimiento de su reino.

Analicemos ahora la responsabilidad que tenemos como administradores de los bienes de Dios.

Mateo 25:14-30

Como administradores de los bienes de Dios, tenemos que identificar tres cosas que Dios nos ha dado:

- Recursos
- Capacidad
- Tiempo

A cada uno, Dios nos ha dado <u>recursos</u>, es decir ciertas habilidades, circunstancias, posesiones, características físicas o intelectuales, etc. en base al propósito que él tiene para nuestra vida. Dios quiere que usemos todos esos recursos para el establecimiento de su reino en nuestra vida y la de las personas que nos rodean.

Asimismo nos ha dado <u>capacidad</u>, para desarrollar y sacar provecho de esos recursos otorgados. Esta capacidad es un don de Dios, que recibimos de acuerdo al propósito para el cual él quiere usar nuestras vidas.

Debemos aprender a recibir este don con contentamiento, <u>sin compararnos con otras personas</u>, sino <u>enfocándonos</u> en la labor que a <u>nosotros nos ha sido encomendada</u>.

Por último, nos ha dado <u>tiempo</u> suficiente para desarrollar el propósito de Dios en nuestras vidas, haciendo uso de nuestra capacidad y de nuestros recursos.

Dios nos pedirá cuentas de cómo usamos nuestros recursos, nuestra capacidad y nuestro tiempo, respecto al propósito para el cual nos los dio.

Mateo 25:14-30

14 Porque el reino de los cielos es como un hombre que yéndose lejos, llamó a sus siervos y les entregó sus bienes.

15 A uno dio cinco talentos, y a otro dos, y a otro uno, a cada uno conforme a su capacidad; y luego se fue lejos.

16 Y el que había recibido cinco talentos fue y negoció con ellos, y ganó otros cinco talentos.

17 Asimismo el que había recibido dos, ganó también otros dos.

18 Pero el que había recibido uno fue y cavó en la tierra, y escondió el dinero de su señor.

19 Después de mucho tiempo vino el señor de aquellos siervos, y arregló cuentas con ellos.

20 Y llegando el que había recibido cinco talentos, trajo otros cinco talentos, diciendo: Señor, cinco talentos me entregaste; aquí tienes, he ganado otros cinco talentos sobre ellos.

21 Y su señor le dijo: Bien, buen siervo y fiel; sobre poco has sido fiel, sobre mucho te pondré; entra en el gozo de tu señor.

22 Llegando también el que había recibido dos talentos, dijo: Señor, dos talentos me entregaste; aquí tienes, he ganado otros dos talentos sobre ellos.

23 Su señor le dijo: Bien, buen siervo y fiel; sobre poco has sido fiel, sobre mucho te pondré; entra en el gozo de tu señor.

Continúa en la página siguiente

24 Pero llegando también el que había recibido un talento, dijo: Señor, te conocía que eres hombre duro, que siegas donde no sembraste y recoges donde no esparciste;
25 por lo cual tuve miedo, y fui y escondí tu talento en la tierra; aquí tienes lo que es tuyo.
26 Respondiendo su señor, le dijo: Siervo malo y negligente, sabías que siego donde no sembré, y que recojo donde no esparcí.
27 Por tanto, debías haber dado mi dinero a los banqueros, y al venir yo, hubiera recibido lo que es mío con los intereses.
28 Quitadle, pues, el talento, y dadlo al que tiene diez talentos.
29 Porque al que tiene, le será dado, y tendrá más; y al que no tiene, aun lo que tiene le será quitado
30 Y al siervo inútil echadle en las tinieblas de afuera; allí será el lloro y el crujir de dientes.

Versículo a memorizar:
«Porque al que tiene, le será dado, y tendrá más; y al que no tiene, aun lo que tiene le será quitado». *Mateo 25:29*

Preguntas para discusión:

1. ¿Cuál fue el parámetro que el Señor usó para repartir los bienes de acuerdo a Mateo 25:15?

_____
_____
_____

2. ¿Cuáles son las tres cosas que Dios nos ha entregado para administrar, de acuerdo a la parábola de Mateo 25:14-30?

_____
_____
_____

3. ¿Cuáles son los recursos que Dios te ha añadido?

_____
_____
_____

4. ¿Cómo puedes usarlos para que el reino de Dios se establezca en tu vida y la de los que te rodean?

_____
_____
_____

Notas

Nos agradaría recibir noticias suyas.
Por favor, envíe sus comentarios sobre este libro
a la dirección que aparece a continuación.
Muchas gracias.

7500 NW 25th Street, Suite 239
Miami, Florida 33122

Vida@zondervan.com
www.editorialvida.com